Познание Бога и Люб❤вь к Нему

Знакомство с Богом для детей всех вероисповеданий

от THE SINCERE SEEKER KIDS COLLECTION

God

Бог **един** и **неповторим**.

Бог - наш **Создатель**.

Бог любит нас и заботится о Тебе и обо МНЕ, о наших семьях и обо всем остальном мире тоже. Бог дает нам еду и уютную теплую постель, где мы чувствуем себя в полной безопасности.

Бог находится ВЫСОКО над НЕБЕСАМИ.

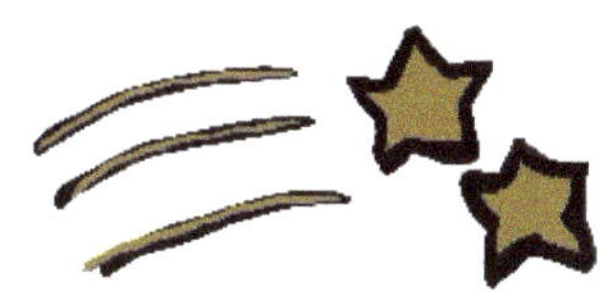

Бог создал **большие** и маленькие планеты.
Бог создал Землю для того, чтобы мы могли на ней жить.
Бог создал сияющие яркие звезды, чтобы они давали нам свет.
Бог сотворил всю Вселенную.

Бог сотворил ПОЛНУЮ Луну.

Бог сотворил ПУШИСТЫЕ СЕРЫЕ ОБЛАКА.

Бог посылает дождь на Землю, чтобы напоить и умыть ее.

Бог заставляет ветер дуть в разные стороны.

Бог заставляет солнце **ярко** СВЕТИТЬ.

А еще Бог сотворил холодную и горячую воду.

Бог сотворил красивые голубые реки.

Бог создал БОЛЬШИЕ БУРНЫЕ ОКЕАНЫ.

Бог сотворил глубокие темные моря.

Бог заставляет ВОЛНЫ двигаться и вздыматься.

Бог создал **высокие** Скалистые горы.
Бог создал низкие снежные горы.

Бог создал банановые и апельсиновые деревья, чтобы мы могли есть их плоды. Бог создал прекрасные душистые цветы разных видов и окрасов, чтобы мы могли любоваться ими.

Бог создал счастливые семьи, чтобы люди проводили время вместе.
Бог создал любящих родителей, чтобы они заботились о нас и любили нас, а также чтобы мы были добры к ним.
Бог создал веселых братьев и сестер, чтобы они заботились о тебе, и чтобы ты заботился о них.

Бог создал **больших** животных, таких как африканские слоны

А еще бурых медведей, и Зеленых аллигаторов с острыми *ЗУБАМИ*.

Buzz Buzz
Buzz
Buzzzz

Бог сотворил маленьких животных, таких как крошечная божья коровка и жужжащий шмель. Бог создал прыгучих кузнечиков, совсем крошечных муравьев, и летающих стрекоз.

Бог создал питательную пищу, ЧТОБЫ ПОМОЧЬ НАШЕМУ ОРГАНИЗМУ РАСТИ ЗДОРОВЫМ И СИЛЬНЫМ.

Бог создал вкусные напитки на тот случай, если ты захочешь пить.

Бог сотворил лиловый виноград, вкусный свежий хлеб, желтый сыр, сочную курицу и замечательные красные яблоки.

Бог дарует людям Жизнь и многое другое.

Бог подарил нам уютный дом, в котором мы ЖИВЕМ, машину, в которой мы ЕЗДИМ, наши любимые игрушки, с которыми мы ИГРАЕМ, НАШИ руки, чтобы мы могли что-то делать, и НАШИ ноги, чтобы мы могли ходить, наши глаза, чтобы видеть, наши уши, чтобы слышать, и наши рты, чтобы есть и говорить.

Бог видит и знает все, что происходит.
Бог слышит все, что говорят.

God

Бог **очень** любящий.
Бог любит нас **очень, очень** сильно.
Бог заботится о нас **очень, очень** сильно.
И мы тоже должны любить Его.

Все добро исходит от Бога
Бог — это свет небес и земли.
Бог вселяет Свет в сердца людей.

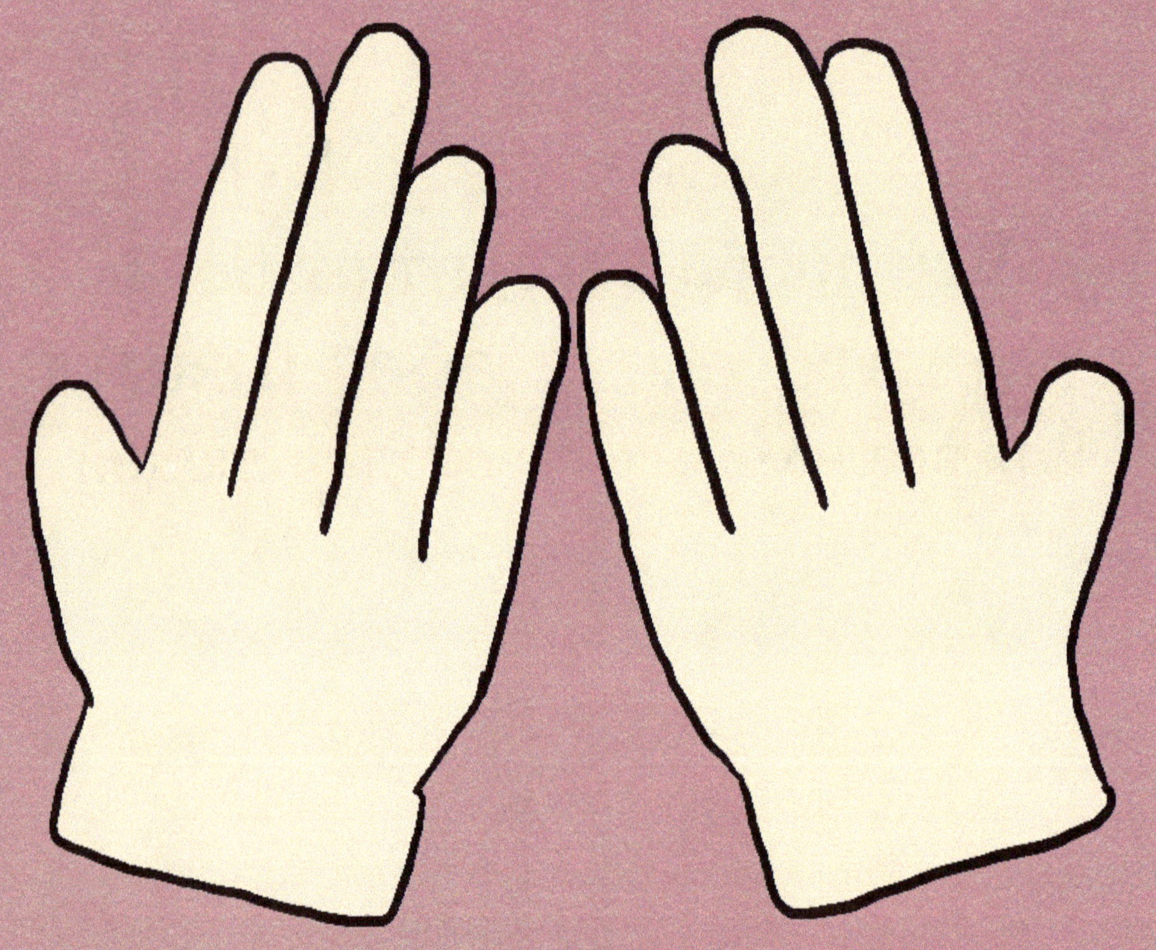

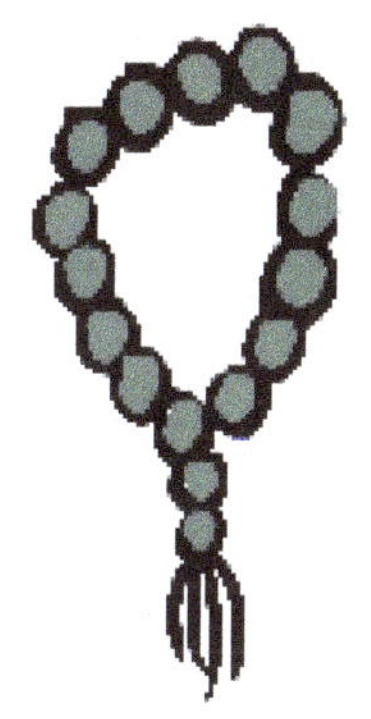

Мы молимся Богу, потому что Он достоин поклонения и потому что Бог создал нас и любит нас.
И мы тоже любим Бога.
Бог отвечает на наши молитвы, когда мы просим Его.
Мы всегда должны разговаривать с Богом.

H·H·Hello
I'm RR·R·Rachel.

Even though I go to speech therapy two days a week, I still stutter.

SPEECH
Clinic

Even though I do a lot of exercises, I am still too afraid to talk.

I'm sstill too
a-afraid to talk

Whenever my mom, dad and sister are busy, they don't have time to wait while I get my sounds out and that hurts my feelings.

I'm sorry honey, but I love to go to work.

Why can't you just talk?

Sorry Rachel. BYE!

W-w-w- wait! d-d-don't g-g-go.

At the end of the day, when my mom and dad are home from work and my sister and I are home from school, they do wait while I get my sounds out and then I feel much better.

Hi honey! Take your Time.
I'm sorry honey Take Your time.
Hi Rachel what did you need Sis?

Whenever my family goes out to eat, they always order for me. They probably think the place is going to be closed by the time I finish talking.

Restaurant
Restaurant

I get teased all the time because kids don't understand why I talk like this. They even start talking like I do and laugh.

mentary
School
Wh-wh-whats wr-wr-wrong?
Ha! Ha! Rachel St-St-Stattu St.

I taught myself ways to relax so I wouldn't be too afraid to talk. The first thing I did was, I took a deep breath.

I think about what I'm going to say before I start talking. This really does help me.

What am I going to say?

I also try to block out other noises so I don't worry about what's going on around me. This only works when I'm not in a busy place.

Knock Knock
Ring
I don't hear any noises.
Ruff Ruff

I also got a new attitude when it came to talking. I started feeling that if people weren't willing to wait, it was their loss.

It's their loss!

I am now a grown-up and I only stutter when I'm tired or sad about something.

I'm so
T-T-Tired!

After all these years, I'm proud to say that I am not too afraid to talk.

I'm not too
afraid to talk!

About The Author

I was born on April 26, 1971 in Louisville, Kentucky and had only one-third of my thyroid gland,also known as hypothyroidism. Only this wasn't discovered until I was five months old, at which time my hair had grown in burnt black and my nails hadn't grown at all. The test to check for thyroid deficiency was not a requirement at this time. However, doctors only knew so much about this condition and labeled me as being "Totally Retarded" on my chart. This was also mentioned in an article written by my mother, commemorating 1979-The International Year of The Child, New Strength Found in Mother Through Handicapped Child. My arms and legs were unevenly proportioned with the rest of my body. My tongue was enlarged and a factor of what later became my speech impediment. I was taken to an endocrinologist and was placed on Synthroid. My body endured a dramatic transformation within one month of treatment. When I was four years old, I was evaluated as being two years behind a four year developmental pattern. I was placed in speech therapy two days a week and SLD until the eighth grade. It was not until I discovered this article on Mother's Day of 2009, that I was inspired to write this book. I am still on Synthroid and will be for the rest of my happy and fulfilled life.

Note: I was able to include the article mentioned above, as my "About the Author" in my book, Why Do Bullies Bully.

Printed in the USA
CPSIA information can be obtained
at www.ICGtesting.com
LVRC090031200624
783546LV00008B/44

Бог подарит хорошим людям с ч а с т л и в ы й Рай, где у них будет все, что они ПОЖЕЛАЮТ, и они будут жить там ДОЛГО и СЧАСТЛИВО.

Конец

Printed in the USA
CPSIA information can be obtained
at www.ICGtesting.com
LVHW080744180324
774646LV00016B/258

9 781961 711327